법륜·아홉

다섯 가지 장애와 그 극복 방법

빠알리 경전 및 주석서에서 뽑아 엮음

냐나뽀니까 스님 편역 ㅣ 재연 스님 옮김

KB203784

고요한소리

The Five Mental Hindrances
And Their Conquest

Selected Texts from The Pāli Canon
and the Commentaries

Compiled and Translated by
Nyanaponika Thera

1961, The Wheel Publication No.26
Buddhist Publication Society
Kandy, Sri Lanka

일러두기

* 이 책은 냐나뽀니까 스님이 빠알리 경전과 주석서에서 가려뽑아 영역英譯한 것을 우리말로 옮긴 것이며, * 이 표기가 된 부분은 편역자의 해설임.
* 이 책에 나오는 경經의 출전은 영국 빠알리성전협회PTS에서 간행한 로마자 본 빠알리 경임.
* 로마자 빠알리어와 영문 책 제목은 이탤릭체로 표기함.

차 례

서 문

부처님 가르침의 최상의 목표는 부동의 심해탈不動 心解脫을 실현하는 것이다. 여기서 해탈이란 고품의 바퀴, 즉 윤회에 우리를 붙들어 매는 모든 한계와 속박, 구속으로부터 마음을 벗어나게 하는 것을 말한다. 이는 곧 마음의 청정을 더럽히는 모든 정신적 오염원[1]을 씻어내어 마음을 깨끗이 하는 것을 뜻하며 또한 세속심으로부터 출세간심 [超世間心], 즉 아라한의 경지Arahatta에 오르는 것을 가로막는 모든 방해물을 제거하는 것을 뜻한다.

---

1 [역주] 정신적 오염원kilesa: 그 자체가 더럽혀져 있고 또 그와 연관된 정신적 요소들을 더럽히기 때문에 그렇게 불리는데, 열 가지를 들고 있다. 탐욕, 증오, 미혹, 자만, 사변적 견해, 회의적 의심, 정신적 혼미, 들뜸, 부끄러운 줄 모름[無慙], 도덕적 두려움의 결여 또는 비양심적임[無愧]. 한역은 染, (本)惑, (根本)煩惱, 結 등, 영어 번역은 defilement.

우리의 정신적 향상을 가로막는 방해물들은 수없이 많지만 불교 경전에서 장애[蓋 *nīvaraṇa*]라는 이름으로 자주 언급되는 것은 특히 다음의 다섯 가지이다.

1. 감각적 욕망*kāmacchanda*
2. 악의*vyāpāda*
3. 해태와 혼침*thīna-middha*
4. 들뜸과 회한*uddhacca-kukkucca*
5. 회의적 의심*vicikicchā*

이것들을 특히 장애라 부르는 이유는 이들이 여러 가지 경로를 통하여 마음을 덮거나 훼방하여 수행을 가로막기 때문이다. 불교에 의하면 정신적 수행에 두 가지 길이 있는데, 사마타*samatha*[止, 寂止, 止息]를 통한 수행과 위빳사나*vipassanā*[觀, 內觀, 洞察]를 통한 수행이 그것이다. 사마타는 선정에 들어 온전한 정신 집중을 이룸으로써 얻게 되며, 이러한 선정을 이루기 위해서는 그 예비 조건으로 위의 다섯 가지 장애를 일시적으로라도 극복하지 않으면 안 된다. 이러한 이유로 경전에서 선정의 성취에 관한 부처님의 설법 가운데 다섯 가지 장애가 자주 언급되고 있는 것이다.

초선初禪을 이루는 다섯 가지 정신적 요소를 오선지五禪支 pañca-jhānaṅga라고 이르는 바, 불교의 전통에 따르면 이 다섯 가지 장애가 다섯 가지 선禪의 요소 각각에 대하여 하나씩 유달리 방해가 되고 있어서 오선지 각각이 선정을 이룰 수 있을 정도로 발전하고 순화되는 것을 가로막는다고 한다.[2] 따라서 만약, 이 다섯 가지 선의 요소를 보통 수준 이상으로 계발하게 되면 그것은 곧 장애를 제거하는 해독제가 될 것이며, 선정으로 가는 길을 마련하는

---

2 다섯 선지[五禪支]와 다섯 장애[五蓋]의 대치對治 관계

다섯 선지		다섯 장애
생각[vitakka 尋]	←→	해태와 혼침
고찰[vicāra 伺]	←→	회의적 의심
환희[pīti 喜]	←→	악의
행복감[sukha 樂]	←→	들뜸과 회한
마음이 한 곳으로 겨냥됨 [cittassekaggatā 心一境性]	←→	감각적 욕망

것이 된다. 이 책자에서는 각각의 장애 제하題下에 이 두 집단, 즉 다섯 선지와 다섯 장애 간의 관계를 설명하였다.

이 다섯 가지 장애는 선정뿐만 아니라 그보다 낮은 수준의 정신 집중마저도 방해한다. 선에 도달한 것을 말하는 근본삼매appaṇā-samādhi에 대해 그 예비단계를 이루는 것이 근접삼매upacāra-samādhi인데, 이 근접삼매도 그 다섯 가지 장애 때문에 좀처럼 이루기가 어려운 것이다. 또 근접삼매와 같은 강도를 가지며, 위빳사나vipassana[3]의 성숙을 위해 요구되는 찰나삼매khaṇika-samādhi 역시 장애가 있으면 이루기 어렵다. 이러한 높은 단계의 정신적 계발은 차치하고라도 맑게 사유하고 청정하게 살아보려는 진지한 시도가 모두 이 다섯 가지 장애의 존재로 인해 심각한 타격을 받고 있는 것이다.

---

3 [역주] 저자는 본서에서 *vipassanā*는 Insight로 *paññā*는 insight로 옮기고 있는 바 이 역서에서는 전자는 위빳사나로 음사하고 후자는 통찰력으로 옮기기로 한다. 한역은 전자는 觀, 慧, 妙觀, 正見 등, 후자는 慧, 妙慧, 勝解, 覺慧, 智, 智慧 등이다.

이처럼 다섯 가지 장애의 독성이 이미 만연해 있는 이상, 그 세력을 꺾기 위해 부단히 노력해야 할 필요성 역시 절박하다. 수행자는 겨우 좌선 시간 동안 이들 장애에 주의를 기울이는 것만으로 충분하다고 믿어서는 안 된다. 일상생활 가운데 행해지는 부단한 사전 노력 없이 이 막판의 정면 승부만으로 이들 장애를 제압하려 들어서는 좀처럼 성공하기 어려울 것이다.

그러므로 부동의 심해탈을 열망하는 수행자는 직접적이고 실질적인 의미를 갖는 확고한 '작업처', 즉 명상주제 *kammaṭṭhāna*[4]를 선정해야 한다. 즉 자신의 모든 생활 구조

---

4 [원주] *kammaṭṭhāna*는 글자 그대로 'working ground' 즉 '작업처'인데 명상의 주제를 의미한다.

[역주] 《청정도론》에서는 이를 일반주제*sabbatta kammaṭṭhāna*와 특수주제*pārihāriya kammaṭṭhāna*로 나누어 설명하고 있다. 전자는 수행자 모두가 명상의 선행조건으로 갖추어야 할 것으로 ① 동료 수행자, 나아가서는 생명 전반에 대한 자비관慈悲觀 *mettābhāvanā* ② 죽음에 대한 염[死隨念 *maraṇānussati*] ③ 부정상不淨想 *asubhasaññā*이며, 후자는 각 수행자의 개성에 맞춰 40가지 주제 중에서 하나를 선정하여 '항상 지녀야 하는 것*pārihāritabbatta*이기 때문에 *pārihāriyakammaṭṭhāna*라고 한다'는 것이다. *kammaṭṭhāna*의 한역은 業處, 事業.

가 그 위에 근거를 두는, 가장 넓은 의미에서의 작업처를 정해야 하는 것이다. 이 작업처를 꽉 붙잡고 오랫동안 놓치지 않고 붙들고 있기만 하면 그것만으로도 마음을 제어하고 발전시키는 데 괄목할 만한 진전이 있을 것이다. 목적 지향성의 정신 에너지는 그런 식으로 상당히 강해질 수 있기 때문이다.

다섯 가지 장애의 극복을 작업처로 선택한 수행자는 우선 자신의 경우 다섯 가지 가운데 어떤 장애가 가장 드센 것인지 점검해야 한다. 그다음에는 그것들이 보통 어떻게, 그리고 어떤 경우에 일어나는지를 주의 깊게 관찰해야 한다. 나아가 수행자는 자신의 마음속에서 이 장애들 각각에 가장 잘 대처할 수 있고 마침내 완전히 극복해낼 수 있는 적극적인 힘을 알아내야 할 것이다. 그리고 그와 같은 자질을 개발시키는 측면에서 자기의 생활을 검토해 볼 필요가 있을 것이다. 이러한 자질들에 관해서는 다음 본문에서 근根(정신적 기능)[5], 선지禪支 *jhānaṅga*, 각지覺支 *bojjhaṅga*의 표제 하에 간략히 언급해놓았다. 경우에 따라서는 각각의 장애를 극복하는 데 도움이 될 명상주제도 첨가하였다.

범부凡夫[6]가 성취할 수 있는 경지는 장애의 일시적인 정지나 부분적인 약화 정도가 고작이다. 그것들의 최종적이며 완전한 제거는 성자의 단계_ariya-magga_에 가서야 비로소 가능하다.

---

5 [역주] 근_indriya_: 한역에서는 근根으로, 영역에서는 주로 faculty로 쓴다. 이 책에 쓰인 _indriya_는 논서에 열거된 22근 가운데 다섯 가지 정련精練된 정신력을 가리키는 것으로 대개 _pañc'indriya_로 불린다. 그러나 종종 같은 이름으로 의근意根을 제외한 감각 능력인 안·이·비·설·신眼耳鼻舌身을 가리키기도 한다.
  본문에서는 이들 정신력과 다섯 장애[五障碍]와의 대응관계를 다음과 같이 제시하고 있다.

  • 감각적 욕망: 염근念根 _satindriya_
  • 악의: 신근信根 _saddhindriya_
  • 해태와 혼침: 정진근精進根 _viriyindriya_
  • 들뜸과 회한: 정근定根 _samādhindriya_
  • 의심: 혜근慧根 _paññindriya_

  * 한역 22근은 다음과 같다.
    ① 감각능력: 眼·耳·鼻·舌·身·意根
    ② 특성(징표): 男·女·命根
    ③ 감각(느낌): 樂·苦·喜·憂·捨根
    ④ 정련된 정신력: 信·精進·念·定·慧根
    ⑤ 인식능력: 未知當知根·已知根·具知根

6 [원주] 범부_puthujjana_: 출가, 재가를 막론하고 아직 성위의 첫 단계인 예류도豫流道에 들지 못한 사람.

1. '의심'은 제1성위인 예류도[*sotāpatti-magga* 須陀洹道]에서 제거된다.

2. '감각적 욕망'과 '악의'와 '회한'은 제3성위인 불환도[*anāgāmi-magga* 阿那含道]에서 제거된다.

3. '해태와 혼침' 그리고 '들뜸'은 마지막 성위인 아라한도[*arahatta-magga* 阿羅漢道]에서 완전히 제거된다.

이를 볼 때 우리가 다섯 장애와 벌이는 투쟁에 대한 보상은 기껏 특정 시간 동안 명상에 잠길 수 있는 정도의 제한된 것이 아니라, 훨씬 더 본질적인 것임을 알 수 있다. 즉, 이 장애를 약화시켜나가는 걸음걸음으로 우리는 바로 그 장애로부터 확고부동하게 해방되는 여러 성위에 가까이 갈 수 있을 것이다.

부처님의 법문인 경經과 그에 대한 주석서들에서 뽑은 이 책자의 내용이 거의 모두가 비구들에게 설해진 것이기는 하지만, 이것은 세속에서 살아가는 사람들에게도 마찬가지로 유효한 것이다. 옛 큰 스님들이 이렇게 말씀하신다.

여기서 말하는 비구*bhikkhu*란 불법佛法 실천에 전념하는 사람들의 한 본보기일 뿐이다. 누구든지 수행에 착수한 자라면 이 비구라는 말 속에 포함되는 것이다.

다섯 가지 장애

"여기 마음속에 무성하게 자라나 통찰력을 무디게 하는 다섯 가지 장애, 덮개가 있으니, 이것이 마음의 웃자람이다. 이 다섯 가지는 무엇인가?"

"'감각적 욕망'이 그 가운데 한 가지 장애, 덮개이니, 이것이 마음의 웃자람이어서 통찰력을 무디게 하는 것이요, '악의'가…, '해태와 혼침'이…, '들뜸과 회한'이…, '회의적 의심'이 곧 장애, 덮개이니, 이것이 마음의 웃자람이어서 통찰력을 무디게 만드는 것이다."

"이 다섯 가지를 극복하지 못하고는, 그토록 힘없고 미약한 통찰력을 가진 비구로서는 자신의 진정한 행복과, 남들의 행복 그리고 자신과 남들의 행복을 알지 못할 것이며, 수승한 성취의 초인적 경지, 즉 성자[阿羅漢]의 지위를 성취하게 할 지견知見 *ñāna-dassana*을 이룰 수 없느니라."

"그러나 만약 어떤 비구가 통찰력을 무디게 하는 이들 다섯 가지 마음의 웃자람인 장애, 덮개를 극복했다면 그는 비로소 강한 통찰력으로 자신의 진정한 행복과 남들의 행복 그리고 자신과 남들의 행복을 알 수 있을 것이고 또한 수승한 성취를 이룬 초인적 경지, 즉 성자의 지위를 성취케 할 지견을 이룰 수 있으리라."

《증지부》 다섯의 모음, 51경

· · ·

"마음이 '무절제한 탐욕'[7]으로 짓눌린 사람은 하지 말아야 될 것은 행하고, 해야 될 일은 행하지 않는다. 이로 말미암아 자신의 명성과 행복을 망치게 된다."

---

7 [역주] 빠알리 원문은 *abhijjhāvisamalobha*, 영문은 unrestrained covetousness.

"마음이 '악의'로…, '해태와 혼침'으로…, '들뜸과 회한'으로…, '회의적 의심'으로 짓눌린 사람은 하지 말아야 될 것은 행하고, 해야 될 일은 행하지 않는다. 이로 말미암아 자신의 명성과 행복을 망치게 된다."

"그러나 만약 성스러운 제자가 이들 다섯 가지 장애를 마음의 오염원인 줄 깨닫게 되면 그것들을 떨쳐버리게 될 것이다. 그렇게 함으로써 그는 곧 지혜가 큰 이, 지혜가 넘치는 이, 눈 밝은 이, 지혜를 갖춘 이로 존중되니 이를 '지혜의 구족'이라 이른다."

《증지부》넷의 모음, 61경

• • •

"여기 금金 속에 다섯 가지 불순물이 있으니 그것들과 섞여 조악해진 금은 유연하지 못하고, 다루기 어렵고, 광택이 나지 않으며, 쉽게 부스러져 정교하게 세공할 수 없다. 다섯 가지 불순물은 무엇인가? 철, 구리, 주석, 납 그리고 은이다."

"그러나 만약 금에서 이들 불순물을 제거해 내면 그 금은 유연하고, 다루기 쉽고, 광택이 나며, 잘 부서지지 않아서 정교하게 세공할 수 있으니, 그 금으로는 왕관, 귀걸이, 목걸이 또는 금줄 등 어떤 장신구라도 만들고 싶은 대로 만들 수 있을 것이다."

"마찬가지로 마음 가운데 다섯 가지 불순물이 있으니, 그것들이 섞여 조악해진 마음은 유연하지 않아 제어하기 어렵고, 밝은 광휘도, 굳건함도 결하여 마음의 때[煩惱 āsava]를 근절하는 데 올바로 집중할 수가 없다. 그 다섯은 무엇인가? 감각적 욕망, 악의, 해태와 혼침, 들뜸과 회한, 회의적 의심이다."

"그러나 만약 마음에서 이들 다섯 가지 불순물을 제거해내면, 그 마음은 유연하여 제어하기 쉽고, 밝은 광휘와 굳건함을 지닐 것이며 마음의 때를 근절하는 데 올바로 집중[正定]할 수 있게 되리라. 그것이 어떤 경지이건 한층 높은 심적 능력[神通力]으로 이룰 수 있는 것이라면 그는 그곳으로 마음을 향하게 할 수 있고, 만약 다른 조건들이 갖추어진다면 그 경지를 실현시킬 수 있는 힘을 획득하게 되리라."

《증지부》다섯의 모음, 23경

• • •

"이 다섯 가지 장애라는 심적 대경[法]에 대해 수행자는 어떻게 법에 대한 관법[法隨觀]을 닦을 것인가?"

"비구들이여, 자기에게 감각적 욕망이 있을 때, 비구는 '나에게 감각적 욕망이 있다'고 알며 감각적 욕망이 없을 때 '나에게 감각적 욕망이 없다'고 안다. 비구는 전에 없던 감각적 욕망이 어떻게 일어나는지 알고, 일어난 감각적 욕망을 어떻게 물리치는지 알며, 어떻게 하면 물리친 감각적 욕망이 앞으로 다시 일어나지 않는지를 안다."

"자기에게 악의가 있을 때, 비구는 '나에게 악의가 있다'고 알며, 악의가 없을 때 '나에게 악의가 없다'고 안다.

비구는 전에 없던 악의가 어떻게 일어나는지 알고, 일어
난 악의를 어떻게 물리치는지 알며, 어떻게 하면 물리친
악의가 앞으로 다시 일어나지 않는지를 안다."

"비구는 자기에게 해태와 혼침이 있을 때, '나에게 해
태와 혼침이 있다'고 알며, 해태와 혼침이 없을 때 '나에
게 해태와 혼침이 없다'고 안다. 비구는 전에 없던 해태와
혼침이 어떻게 일어나는지 알며, 일어난 해태와 혼침을
어떻게 물리치는지 알며, 어떻게 하면 물리친 해태와 혼
침이 앞으로 다시 일어나지 않는지를 안다."

"자기에게 들뜸과 회한이 있을 때, 비구는 '나에게 들
뜸과 회한이 있다'고 알며, 들뜸과 회한이 없을 때 '나에
게 들뜸과 회한이 없다'고 안다. 비구는 전에 없던 들뜸과
회한이 어떻게 일어나는지 알고, 일어난 들뜸과 회한을
어떻게 물리치는지 알며, 어떻게 하면 물리친 들뜸과 회
한이 앞으로 다시 일어나지 않는지를 안다."

"자기에게 회의적 의심이 있을 때, 비구는 '나에게 회의적 의심이 있다'고 알며, 회의적 의심이 없을 때 '나에게 회의적 의심이 없다'고 안다. 비구는 전에 없던 회의적 의심이 어떻게 일어나는지 알고, 일어난 회의적 의심을 어떻게 물리치는지 알며, 어떻게 하면 물리친 회의적 의심이 앞으로 다시 일어나지 않는지를 안다."

《중부》 10경 〈염처경〉

* 위 경전에서 권한 것처럼 어떤 한 가지 장애가 일어나는 것을 그 즉시 마음챙겨 주시하는 것은 간단한 일이면서도 이들 장애와 그 밖의 다른 정신적 오염원을 반격할 수 있는 매우 효과적인 방법이다. 이렇게 함으로써 거리낌 없이 계속되는 해로운 생각들에 제동을 걸 수 있고 그들의 재발을 감시하는 마음도 강력해지는 것이다. 이 방법은 간단한 심리적 사실에 근거한 것으로 주석가들의 표현에 의하면 '좋은 생각과 삿된 생각이 짝을 지어 동시에 일어날 수는 없다. 따라서 (바로 전 순간에 일어난) 감각적 욕망을 인지하고 있는 그 순간에는 (오로지 인지의 행위가 있을 뿐) 그 감각적 욕망은 존재하지 않는다'는 것이다.

비구들이여, 마치 이 몸이 음식*āhāra*[8]을 취하고, 자양분에 의지하여 살아가며, 자양분이 없이는 부지하지 못하듯, 비구들이여, 다섯 가지 장애도 또한 음식을 취하고, 자양분에 의지하여 살아가며, 자양분이 없이는 부지하지 못하느니라.

《상응부》46상응, 2경

---

8 [역주] 음식*āhāra*: 동사 *a-hṛ*(가져오다, 일으키다)에서 파생된 단어로 음식, 자양물, 양육을 뜻한다. 대개 단식段食 *kabalikarāhāra*, 촉식觸食 *phassāhāra*, 의사식意思食 *mano- sancetanāhāra*, 식식識食 *viññāṇāhāra* 네 가지가 함께 열거 인용되는 것이 보통이다. 본문에 우리말로 음식, 자양분, 일으킴, 키움 등으로 쓴 것은 단순히 문맥에 따른 것이다.

I. 감각적 욕망[9]

가. 감각적 욕망의 자양분

"아름다운 대경들이 있다. 거기에 지혜롭지 못한 주의를 자주 기울이는 것*ayonisomanasikārabahulikāra*[10], 이것이 곧 아직 생겨나지 않은 감각적 욕망을 생기하도록 조장하며, 생겨난 감각적 욕망을 늘리고 드세게 만드는 자양분이다."

《상응부》46상응, 51경

---

9 [역주] 감각적 욕망*kāmacchanda*: 한역에서는 欲, 貪慾, 欲欲, 好欲 등으로 옮겨졌다. 영역은 sensuous(또는 sensual, sense) desire, excitement of sensual desire 등.

10 [역주] 지혜롭지 못한 주의의 반대인 지혜로운 주의*yoniso manasikāra*는 正思惟, 正作意, 如理作意, 如法思 등으로 한역된 것으로 미루어 알 수 있듯이 여기서 말하는 주의注意는 조심과 관련된 일상적 뜻이 아니고, 法에 대한 意의 분별적 사유작용을 내포하고, 심리학에서 쓰는 특정 자극 대상에 대한 마음의 선택적이고 집중적인 작용을 뜻한다. 영역은 wise attention, proper consideration, thorough attention, wise consideration 등.

* 여기서 말하는 감각적 욕망은 다섯 가지 감각의 대상 중 그 어느
  것에도 해당될 수 있다.

나. 감각적 욕망을 키우지 않음

"부정한 것들[부정관不淨觀의 대상들]이 있다. 거기에 지
혜로운 주의를 자주 기울이는 것, 이것이 곧 생겨나지 않
은 감각적 욕망을 생기하도록 조장하지 않는 것이며, 이미
생겨난 감각적 욕망을 늘리고 드세게 되도록 조장하지 않
는 것이다."

《상응부》 46상응, 51경

감각적 욕망을 떨쳐버리는 데 도움 되는 여섯 가지

(1) 부정관asubha-bhāvanā을 배움

(2) 부정관에 전념함

(3) 감관의 문을 잘 수호함

(4) 식사의 절제

(5) 훌륭한 도반(선지식)

(6) 적절한 대화

〈염처경〉에 대한 주석서

(1) 부정관을 배움

(2) 부정관에 전념함

   ㈀ 부정한 대상

"부정한 대상을 수관하는 데 전념하는 자는 아름다운 것들에 초연해질 수 있는 힘을, 아름다운 것들에 대한 혐오감을 굳건히 확립할 수 있나니, 이것이 그 결실이니라."

《증지부》다섯의 모음, 36경

* 여기서 '부정한 대상'은 특히 〈염처경〉이나 《청정도론》에서 설명하고 있듯이 묘지명상을 두고 하는 얘기지만 그 밖에도 감각대상의 혐오스러운 면 일반에 대해서도 마찬가지로 적용된다.

   ㈁ 신체의 혐오스러움(몸의 32상)에 대한 명상

"비구들이여, 이에 비구는 가죽에 싸여 갖가지 부정한

것으로 가득 차 있는 이 몸 자체에 대해, 발바닥에서부터 위로 올라가며 또 머리카락에서부터 아래로 내려가며 고찰한다. '이 몸에는 머리카락, 몸털, 손발톱, 이, 살갗, 살, 힘줄, 뼈, 골수, 콩팥, 심장, 간, 늑막, 지라, 허파, 큰창자, 작은창자, 위내용물, 똥, 쓸개즙, 가래, 고름, 피, 땀, 굳기름, 눈물, 임파액, 침, 콧물, 관절액, 오줌, (해골 속의 뇌수)[11]가 있다'고.」

《중부》 10경 〈염처경〉

뼈와 힘줄 얽히고 엷은 막과 살로 발라져
가죽으로 가려진 몸뚱이
참모습 그대로 드러내지 않는다.
(……)
어리석은 자,
그것을 두고 아름답다 생각하니
자신의 무지에 오도된 탓이거니.

《숫따니빠아따》 194~199게

---

11 [역주] 경에서는 '뇌수'가 빠진 31가지를 들고 있다.

ⓒ 그 밖의 명상

"감각 대상은 적은 기쁨, 많은 고통, 큰 절망을 주며 위험이 넘친다."

《중부》 14경

• • •

불쾌한 것이 유쾌한 것인 양

즐겁지 못한 것이 즐거운 것인 양

괴로운 것이 기쁜 것인 양

분별없는 사람을 짓누른다.

《감흥어 Udāna》 II, 8경

(3) 감관[根]의 문을 잘 수호함

"어떻게 감관을 수호하는가? 이에 비구는 눈으로 어떤 현상을 봄에 그 (기만적인) 전체상全體相을 취하지 않으며 또 그 세세한 부분상을 취하지도 않는다. 만약 그의 안근 眼根이 제어되어 있지 않으면 탐욕, 불만, 그 밖의 다른 삿

되고 해로운 것들이 그에게 물밀듯이 흘러들어 올 것이다. 따라서 그는 안근을 제어하기 위해 수련하며, 안근을 감시하여 그것을 제어하기 위해 수련하며, 안근을 감시하여 그것을 제어하기에 이른다.

비구는 귀로 소리를 들음에⋯, 코로 냄새를 맡음에⋯, 혀로 맛을 봄에⋯, 몸으로 촉감을 느낌에⋯, 의意로 현상을 지각함에 그 (기만적인) 전체상을 취하지 않으며, 그 세세한 부분상을 취하지도 않는다."

《상응부》 35상응, 120경

• • •

"눈으로 지각할 수 있는 것으로 마음이 끌리고, 멋지고, 즐거움을 주고, 느낌이 좋으며, 감각적으로 유혹하고, 욕망을 돋우는 형상들rūpā이 있다. 만약 비구가 그것들을 즐거워하지 않고 집착하지도 환대하지도 않는다면, 그렇듯 즐거워하지도 집착하지도 환대하지도 않기에 그에게서 형상에 대한 즐거움이 사라진다. 즐거움이 없어지면 애착이 없어지고, 애착이 없어지면 속박도 없느니라.

(귀로 지각할 수 있는) 소리…, 냄새…, 맛…, 촉감…, 현상 [法]이 있다. 만약 비구가 그것들을 즐거워하지 않고 집착하지도 환대하지도 않는다면, 즐거워하지 않고, 집착하지도 환대하지도 않기에 그에게서 그것들에 대한 즐거움이 사라진다. 즐거움이 없어지면 애착이 없어지고, 애착이 없어지면 속박도 없느니라."

《상응부》 35상응, 63경

(4) 식사의 절제

"비구는 어떻게 식사를 절제하는가? 이에 비구는 지혜롭게 숙고한 다음 음식을 취한다. 즉, 즐기거나 자만하거나 몸을 윤택하게 만들거나 또는 (주석서에 의하면 근육으로) 몸을 가꾸기 위해서가 아니라, 오로지 이 몸을 유지·지탱하기 위해서, 위해를 피하고 성스러운 삶[梵行]을 뒷받침하기 위해서 음식을 취할 뿐이다. '그럼으로써 묵은 고통의 느낌은 파하고 새로운 느낌이 일어나지 못하게 하리라. 비난받을 일 없고 안락한 가운데 잘 살아가게 되리라' 생각하며."

《상응부》 35상응, 120경

(5) 훌륭한 도반

* 여기서 도반이란 특히 경험이 풍부하고, 모범이 될 수 있으며, 감각적 욕망을 극복하는 데, 특히 부정관을 닦는 데에 도움이 될 수 있는 도반을 말한다. 그러나 일반적으로 훌륭한 교우 관계에도 역시 적용된다. 이런 식의 두 가지 해석은 용어만 적절히 바꾸면 다른 장애들을 설명할 경우에도 마찬가지로 적용된다.

"아아난다여, 훌륭한 교우, 훌륭한 도반관계, 훌륭한 사귐은 실로 성스러운 삶[梵行]의 전부이니라. 아아난다여, 훌륭한 벗, 훌륭한 도반, 훌륭한 동료를 가진 비구는 성스러운 팔정도를 닦고 실천해 나아갈 것이다."

《상응부》45상응, 2경

(6) 적절한 대화

* 여기서 적절한 대화란 특별히 감각적 욕망의 극복, 특히 부정관을 수행하는 데에 대한 대화를 말하고 있지만, 팔정도를 나아가는 데 도움 되는 대화라면 모두 이에 해당된다. 이러한 설명 역시 다른 장애의 경우에도 적절히 용어만 바꾸면 마찬가지로 타당하다.

"만약 남과 이야기하고 싶어지면 비구는 응당 이렇게 상기해야 되느니라. 즉, '이들 저속하고 조잡하고 거칠고 비열하고 이롭지 않은 이야기들, (속된 것들을) 멀리하도록 [厭離], 열정에서 헤어나도록[離欲], 그치도록[滅盡], 고요로, 한층 높은 지혜로, 깨달음으로, 열반으로 이끌어 주지 못하는 이야기들, 즉 왕·도둑·대신들에 대한 이야기, 군대·재난·전쟁에 관한 이야기, 먹을 것·마실 것·의복·침구·화환·향수·친척·탈것·마을·읍·도시·지방에 관한 이야기, 여자와 영웅 이야기, 길거리나 우물가의 뜬소문, 조상 이야기, 갖가지 하찮은 이야기, 세계와 바다의 기원에 관한 이야기, 이미 지나간 일 또는 아직 일어나지 않은 일에 대한 이야기 따위의 하찮은 이야기들에 휩쓸려들지 않으리라'고. 이렇게 비구는 하지 말아야 할 말을 분명히 알아차린다."

　"그러나 '진지한 삶에 관한 이야기, 마음을 여는 데에 적합한 이야기, 완전히 멀리하도록, 열정에서 헤어나도록, 그치도록, 고요에, 한층 높은 지혜에, 깨달음에, 열반에 도움이 되는 이야기들, 즉 검박한 생활[少欲]에 관한 이야기, 만족함[知足]·홀로 머묾·세상과 어울리지 않음에 관한 이야기, 정진 의욕을 북돋아주는 이야기, 계율·선정·지혜·해탈·해탈지견解脫知見에 관한 이야기, 이런 이야기는 기꺼이 받아들이고 응하리라'고. 비구는 이렇게 해야 할 말을 분명히 알아차린다."

《중부》122경

감각적 욕망을 극복하는 데 도움 되는 그 밖의 사항들

(1) 오선지 가운데 '마음이 한 곳으로 겨냥됨[心一境性]'

(2) 오근 가운데 '염근念根'

(3) 칠각지[12] 가운데 '염각지'

---

12 [역주] 칠각지七覺支 satta bojjhaṅgā: 깨달음으로 이끄는 일곱 가지의 인자因子. 그 내역 및 다섯 장애와 대응하는 관계는 다음과 같다.

① 염각지念覺支 sati-bojjhaṅga : 팔정도의 정념과 같은 내용. 다른 각지들의 기초가 되는 기본적 요소. 올바른 지향[心]과, 부단한 주의와 살핌[知]의 두 기능을 간단없이 챙기고 유지하는 정신활동.

② 택법각지擇法覺支 *dhammavicaya-b.*: 법의 정사正邪의 간택. 조건 지어진 사물의 진정한 성질을 이해하고 궁극에까지 요소별로 분석해 들어가는 정신활동.

③ 정진각지精進覺支 *viriya-b.*: 힘, 활력을 가리키며, 내용은 팔정도의 정정진과 같음.

④ 환희각지歡喜覺支 *pīti-b.*: 희열 또는 행복. 심신을 채우는 만족감이 특성이다.

⑤ 경안각지輕安覺支(除覺支) *passaddhi-b.*: 심心과 심소心所의 고요. 피상적이고 무익한 것들이 사라져 고요해진 마음상태. 쓸데없는 생각을 접근시키지 않음으로써 집중을 성공적으로 이루게 함.

⑥ 정각지定覺支 *samādhi-b.*: 집중. 마음의 안정이 강화되어 장애를 없애는 집중, 통일된 마음상태.

⑦ 사각지捨覺支 *upekkhā-b.*: 평온. 정신적 평형. 칭찬과 비난, 순과 역의 일체경계와 상황에 흔들림이 없는 마음상태.

법륜·열여섯《칠각지》,〈고요한소리〉참조.

칠각지와 다섯 장애의 대응관계

칠각지		다섯 장애
염각지	◄──►	감각적 욕망
택법각지	◄──►	회의적 의심
정진각지	◄──►	해태와 혼침
환희각지		악의
경안각지		
정각지	◄──►	들뜸과 회한
사각지		

다. 비유

"여기 통속에 빨강, 노랑, 파랑, 적황색의 물감이 섞인 물이 있다면 정상적인 시력을 가진 사람이 그곳을 들여다 본다 해도 거기에 비친 자신의 얼굴을 제대로 알아볼 수 없으리라. 마찬가지로 어떤 이의 마음이 감각적 욕망에 사로잡히고 감각적 욕망에 짓눌려 있을 때는 이미 일어난 욕망으로부터 벗어날 길을 제대로 볼 수 없으니, 이리하여 그는 자신의 행복도, 남의 행복도, 자신과 남의 행복도 올바로 이해하고 보지 못하느니라. 또한 이미 오래전에 마음에 새겨둔 가르침도 제대로 상기되지 않거늘 하물며 새겨두지 않은 것들이랴."

《상응부》 46상응, 55경

II. 악 의 [13]

가. 악의의 자양분

"반감을 불러일으키는 것들이 있으니, 거기에 지혜롭지
못한 주의를 자주 기울이는 것, 이것이 곧 아직 생겨나지
않은 악의를 생기하도록 조장하며, 이미 생겨난 악의를
늘리고 드세게 만드는 자양분이다."

《상응부》 46상응, 51경

나. 악의를 키우지 않음

"자애에 의한 마음의 해탈[慈心解脫]이 있으니, 거기에

---

13 [역주] 악의惡意(*vyāpāda* 또는 *byāpāda*): 한역은 恚, 瞋, 瞋恚, 恚害, 怒恚
心, 瞋恨怨惡 등. 삼독심의 瞋*dosa*과 비슷한 의미로 풀이한다. 영역은
ill-will, malevolence 등.

지혜로운 주의를 자주 기울이는 것, 이것이 아직 생겨나지 않은 악의를 생겨나도록 조장하지 않는 것이며, 이미 생겨난 악의를 늘리지도 드세게 만들지도 않는 것이다."

《상응부》46상응, 51경

• • •

"라아훌라여, 자애관[慈觀 mettā-bhāvanā]을 닦으라. 자애관을 닦음으로써 악의byāpāda가 사라지나니.

연민관[悲觀 karuṇā-bhāvanā]을 닦으라. 연민관을 닦음으로써 잔인한 마음vihesā이 사라지나니.

희심관[喜觀 더불어 기뻐함 muditā-bhāvanā][14]을 닦으라. 희심관을 닦음으로써 깨나른함arati이 사라지나니.

---

14 [역주] 희심관[喜觀]: 더불어 기뻐함 명상수행. 여기서 언급하고 있는 것은 물론 사무량심관四無量心觀이다. 이 중 더불어 기뻐함[喜 muditā]은 오선지의 喜支나 칠각지의 喜覺支와 한자는 같으나 원어는 다르다. 뒤의 둘은 pīti의 역어로 법을 체험한 데서 우러나는 내면의 기쁨인 데 비해 여기 muditā는 남들의 행복·향상을 자기의 것으로 기뻐하는 열린 마음 특유의 기쁨이다. 다른 한역은 喜心, 歡喜, 發喜, 發喜心 등. 영역은 sympathetic joy, sympathy in others' welfare. 본서에서는 둘을 구별하기 위해 muditā는 더불어 기뻐함 또는 희심으로, pīti는 환희로 옮겼음.

평온관[捨觀 *upekkhā-bhāvanā*]을 닦으라. 평온관을 닦음으로써 노여움*paṭigha*이 사라지나니."

《중부》 62경 〈라아훌라를 훈칙하신 큰 경〉

악의를 이기는 데 도움 되는 여섯 가지

(1) 자애관을 배움

(2) 자애관에 전념함

(3) 자기 자신이 바로 자기 행위*kamma* 業의 주인이며, 상속자임을 명심함

(4) 이에 관해 자주 반성해 봄(다음과 같은 식으로). 이렇게 생각해 볼지니 "남에게 화를 내어 그를 어떻게 하겠다는 것인가? 그 사람의 덕이나 좋은 자질들이 그 때문에 손상을 입을 것 같은가? 그대 스스로의 행위로 지금의 상태로 되었고, 앞으로도 그대의 행위에 따라 그리 될 것이 아닌가. 남에게 화를 내는 것은 마치 이글거리는 숯덩이, 달군 쇠몽둥이 혹은 똥을 집어 드는 꼴이구나. 마찬가지로 누군가가너에게 화를 낸들 그 역시 너를 어떻게 할 것인가? 너의 덕이나 좋은 자질들이 그 때문에 손상을 입을 것 같은가?

그 역시 스스로의 행위에 의해 지금의 상태로 되었고, 앞으로도 그의 행위에 따라 그리 되어갈 것이다. 마치 받아들이지 않은 선물이나, 바람을 향해 던진 한 줌 먼지와 같이 그 사람의 노여움도 되돌아가서 제 머리에 떨어지고 말 것을."

(5) 훌륭한 도반

(6) 적절한 대화

〈염처경〉의 주석서

악의를 이기는 데 도움 되는 그 밖의 사항들

(1) 오선지 가운데 환희지[喜支]

(2) 오근 가운데 신근[信根]

(3) 칠각지 가운데 환희각지[喜覺支]와 평온각지[捨覺支]

다. 비유

"여기 불 땐 솥에 물이 펄펄 끓고 있다면, 정상적인 시력을 가진 사람이 그 속을 들여다보더라도 거기 비친 자기 얼굴을 제대로 알아볼 수 없으리라. 마찬가지로 어떤 이의 마음이 악의에 사로잡히고 악의에 짓눌려 있을 때, 그는 이미 일어난 악의에서 벗어날 길을 제대로 볼 수 없으니, 그리되면 그는 자신의 행복도, 남의 행복도, 자신과 남의 행복도 올바로 이해하고 보지 못하느니라. 또한 이미 오래전에 마음에 새겨둔 가르침도 제대로 상기되지 않거늘 하물며 새겨두지 않은 것들이랴."

《상응부》46상응, 55경

III. 해태와 혼침 [15]

가. 해태와 혼침의 자양분

"깨나른함, 권태로움, 선하품과 기지개, 식곤증, 까라짐
이 일어난다.[16] 거기에 지혜롭지 못한 주의를 자주 기울이
는 것, 이것이 곧 아직 일어나지 않은 해태와 혼침을 일어
나도록 조장하며, 이미 일어난 해태와 혼침을 늘리고 드

---

15 [역주] 해태와 혼침*thīna-middha*: 한역에서는 *thīna*를 疲, *middha*를 眠,
睡, 昏睡, 懈怠로, *thīna-middha*를 眠, 睡眠, 昏沈睡眠으로 쓰고 있다.
어원상 *thīna*는 산스크리트어 *styāna*(젖다, 굳다, 정지하다)에서 왔으며,
*middha*는 주석서에 '비대 혹은 우둔해짐'으로 정의하고 있다. 《법집론
Dhammasaṅgaṇi》(204쪽 1155~1157)에서는 *thīna*를 정신적 위축, *middha*
를 육체적 경식, 잠, 졸음 등을 포함하여 설명하고 있다. 따라서 여기서
는 이러한 상좌부의 전통적 해석에 따라 두 가지를 구분하기 위해 해
태(정신적 해이)와 혼침(육체적 피로, 졸음, 혼곤)으로 썼다. 저자의 영역은
sloth and torpor.

16 [역주] 《아함경》에서는 '微弱, 不樂, 欠呿, 多食, 懈怠'의 五法으로 옮기
고 있다.

세계 만드는 자양분이다."

《상응부》46상응, 51경

나. 해태와 혼침을 키우지 않음

"힘을 내게 하는 요소, 정진의 요소, 지속적인 정진의 요소가 있으니, 거기에 지혜로운 주의를 자주 기울이는 것, 이것이 곧 일어나지 않은 해태와 혼침을 일어나도록 조장하지 않는 것이며, 이미 일어난 해태와 혼침을 키우거나 드세게 만들지 않는 것이다."

《상응부》46상응, 51경

· · ·

"다짐하기를 '가죽에 힘줄, 뼈만 남아라! 이 몸에 살도 피도 말라붙어라! 장부의 끈기*thāma*, 장부의 원기*viriya*, 장부의 정진*parakkama*으로 이루어야만 될 것을 이루지 못하고서 어찌 남겨둘 힘이 있으랴!'라고."

《중부》70경

해태와 혼침을 떨쳐버리는 데 도움 되는 여섯 가지

(1) 과식이 그 원인이라는 것을 알 것

(2) 자세를 바꿈

(3) 광명상[17]을 관함

(4) 옥외에 머묾

(5) 훌륭한 도반

(6) 적절한 대화

해태와 혼침을 극복하는 데 도움 되는 그 밖의 사항들

(1) 죽음에 관해 염함[maraṇānussati 死隨念]

"오늘 내 기필코 정진하리라.

뉘 알랴, 내일 죽음이 올지."

《중부》131경

---

17 [역주] 광명상光明想 *aloka-saññā*: 마음속에 한낮의 태양처럼 밝은 빛을 떠올림. 칸띠빨로 스님의 《止와 觀 *Calm & Insight*》(1981) 54쪽 참조.

(2) 무상고無常苦를 관함

"무상에서 고苦를 보는 데 익숙해졌을 뿐 아니라 이런 관법을 항시 닦고 있는 비구는 게으름, 빈둥거림, 분방, 방일, 불근행, 불관찰의 위험에 대하여 마치 칼을 치켜든 살인자에게 위협을 당하고 있는 것처럼 예민하게 느낄 것이 틀림없다."

《증지부》 일곱의 모음, 46경

(3) 더불어 기뻐함 *mudità*

"라아훌라여, 희심관[더불어 기뻐함 수행 *mudità-bhāvanā*]을 닦으라. 희심관을 닦음으로써 깨나른함이 사라지나니."

《중부》 62경

(4) 구법求法의 길에 대한 숙고

"부처님들, 벽지불들[獨覺] 그리고 성스러운 제자들이 가신 이 길을 나 또한 걸어야 하리니, 게으른 자 이 길을 밟지 못하리라."

《청정도론》 4장 55절

(5) 부처님의 수승하심을 관함

"우리 스승님(부처님)께서는 심혈을 기울여 정진하는 것을 찬양하셨으니, 이 위없는 가르침 우리에게 지대한 도움이 되었거늘, 오직 이 법을 실천하는 것만이 부처님을 공경하는 길이다."

《청정도론》4장 55절

(6) 유산의 고귀함을 관함

"이 고귀한 유산, 이른바 선법善法 saddhamma을 받아 지녀야 되리니. 게으른 자 어찌 이 법을 지닐 수 있으랴."

《청정도론》4장 55절

(7) 마음을 분발시키는 법

"분발해야 할 필요가 있을 때 어떻게 이 마음을 분발시킬 것인가? 만약 지혜의 적용이 느렸거나 평온의 기쁨을 성취하지 못한 탓으로 마음이 투미해진 것이라면, 다음 여덟 가지의 각성제를 상기함으로써 분발심을 일으켜야 한다. 그 여덟 가지란 생, 노, 병, 사, 삼악도의 고통

apāyadukkha, 윤회에 기인한 과거세의 괴로움, 윤회에 기인한 미래세의 괴로움 그리고 자양분을 구하는 데 기인하는 현생의 괴로움이다."

《청정도론》 4장 63절

(8) 졸림을 극복하는 법

한 번은 부처님께서 마하 목갈라아나 존자에게 말씀하셨다. "졸리는가? 목갈라아나여, 졸고 있는가? 목갈라아나여." "네, 그렇습니다. 세존이시여."

① "그러면, 오! 목갈라아나여, 그 무슨 생각을 하다가 혼침이 그대에게 덮쳤든지간에, 그 생각에 더 이상 주의를 팔지 말아야 하며, 그 생각에 머물러 있지 말아야 하느니라. 그리하면 혼침이 사라질 수 있으리라.

② 그러나 만약 그렇게 해도 혼침이 사라지지 않으면 그대가 이미 듣고 배운 교의[法]를 마음속에 떠올려 생각하고 되새기라. 그리하면 혼침이 사라질 수 있

으리라.

③ 그래도 혼침이 사라지지 않으면 그대가 이미 듣고 배운 교의를 모두 세세하게 암송하라. 그리하면 혼침이 사라질 수 있으리라.

④ 그래도 혼침이 사라지지 않으면 귓불을 잡아당기고,[18] 손바닥으로 팔다리를 문지른다. 그리하면 혼침이 사라질 수 있으리라.

⑤ 그래도 혼침이 사라지지 않으면 자리에서 일어나 물로 눈을 씻고는 사방을 둘러보고, 하늘의 별을 쳐다본다. 그리하면 혼침이 사라질 수 있으리라.

⑥ 그래도 혼침이 사라지지 않으면 빛에 대한 (내면적) 인식[光明想 aloka-saññā]을 확립하고, 낮에 그러했듯이 밤에도, 밤에 그러했듯이 낮에도 또한 맑고 트인 마음으로 밝음에 가득 찬 의식을 계발한다. 그리하면 혼침이 사라질 수 있으리라.

---

18 [역주] 본문은 ubho kaṇṇasotāni-āvijeyyāsi. 저자는 'shake one's ears'로 옮기고 있으나 칸띠빨로 스님은 《止와 觀》에서 'pull ones ears(the earlobes when pulled hard dispel drowsiness)'로 풀이하고 있어 이에 따랐음.

⑦ 그래도 혼침이 사라지지 않으면 감각을 안으로 돌이켜 마음이 밖으로 향하지 않도록 한 채, 똑바로 알아차리면서 앞뒤로 왔다갔다 걷는다. 그리하면 혼침이 사라질 수 있으리라.

⑧ 그래도 혼침이 사라지지 않으면 곧 일어나겠다는 생각을 간직한 채 정념·정지하며 사자 모양새로 두 발을 포개어 오른쪽이 바닥으로 가도록 조심스럽게 눕는다. 다시 깨어나는 대로 '드러눕거나 기대는 즐거움에, 잠자는 즐거움에 빠지지 않으리라' 생각하며 빨리 자리에서 일어난다."

"목갈라아나여, 이렇게 스스로 단련하라."

《증지부》 일곱의 모음, 58경

(9) '지금 정진하라'고 독려하는 다섯 가지 임박한 위난

"비구들이여, 만약 어떤 비구가 다음 다섯 가지 위험한 지경을 이해한다면 그것만으로도 '이루지 못한 것을 이루고, 도달하지 못한 경지에 다다르며, 깨닫지 못한 것을 깨

달으리라'는 결의에 차서 방일하지 않고 열심히 살게 되기에 족하리라. 다섯 가지 위난이란 무엇인가?

① 비구들이여, 여기 한 비구가 이와 같이 숙고한다. '지금은 젊다. 젊은 나이에 검은 머리, 한창때, 인생의 시작에 있는 청년이지만 이 몸이 늙음의 손아귀에 붙잡힐 때가 오리라. 늙음에 짓눌린 자, 쉽게 부처님 가르침 따라 관할 수 없으며, 숲이나 밀림 속 또는 외진 곳에서 지내기도 어렵다. 그토록 달갑지 않은 지경에 이르기 전에 이루지 못한 것을 이루고, 도달하지 못한 경지에 다다르며, 깨닫지 못한 것을 깨닫도록, 그래서 노년에도 그렇게 이룩한 경지를 누리며 행복할 수 있도록 지금 있는 힘을 다 쏟아야 하지 않겠는가'라고.

② 다시 비구들이여, 비구는 이와 같이 숙고한다. '지금은 병도 없고 아프지도 않다. 소화도 순조롭고, 체질은 차지도 뜨겁지도 않게 균형이 잘 잡혀 정진을 하기에도 알맞지만 이 몸이 병마에 사로잡힐 때가 오리라. 병든

자 쉽게 부처님 가르침 따라 관할 수 없으며, 숲이나 밀림 속 또는 외진 곳에서 지내기도 어렵다. 그토록 달갑지 않은 지경에 이르기 전에 이루지 못한 것을 이루고, 도달하지 못한 경지에 다다르며, 깨닫지 못한 것을 깨닫도록, 그래서 병이 들더라도 그렇게 이룩한 경지를 누리며 행복할 수 있도록 지금 있는 힘을 다 쏟아야 하지 않겠는가'라고.

③ 다시 비구들이여, 비구는 이와 같이 숙고한다. '지금은 풍작에 양식이 넉넉하여 쉽게 얻을 수 있는 것이 음식이다. 지금은 탁발한 음식과 공양물로 쉽게 살아갈 수 있지만 언젠가 흉작에 기근이 들어 탁발하기 어려울 때가 오고, 탁발한 음식과 공양물로 살기 어렵게 되리라. 기근이 들면 사람들은 양식이 풍부한 곳으로 옮겨가 그런 곳에는 사람들이 몰려 북적이게 될 것이니, 그런 곳에서 부처님 가르침 따라 관하기는 쉽지 않으리라. 그토록 달갑지 않은 지경에 이르기 전에 이루지 못한 것을 이루고, 도달하지 못한 경지에 다다르며, 깨달

지 못한 것을 깨닫도록, 그래서 기근이 들더라도 그렇게 이룩한 경지를 누리며 행복할 수 있도록 지금 있는 힘을 다 쏟아야 하지 않겠는가'라고.

④ 다시 비구들이여, 비구는 이와 같이 숙고한다. '지금은 사람들이 화합하여 의좋게, 마치 우유에 물이 섞이듯 절친하게 지내며 서로 온화한 눈길로 바라본다. 그러나 숲속의 부족들 간에 소요·분쟁이 일 때가 오면, 시골 사람들은 수레를 타고 피난가고, 겁에 질린 사람들이 안전한 곳으로 옮겨가 그런 곳에는 사람들이 몰려 북적이게 될 것이니, 그런 곳에서 부처님 가르침 따라 관하기는 쉽지 않으리라. 그토록 달갑지 않은 지경에 이르기 전에 이루지 못한 것을 이루고, 도달하지 못한 경지에 다다르며, 깨닫지 못한 것을 깨닫도록, 그래서 위난 속에서도 그렇게 이룩한 경지를 누리며 행복할 수 있도록 지금 있는 힘을 다 쏟아야 하지 않겠는가'라고.

⑤ 다시 비구들이여, 비구는 이와 같이 숙고한다. '지금

승가는 다투는 일 없이 화합하여 의좋게, 한 가지 가르침 아래 행복하게 지내고 있다. 그러나 승가가 분열하게 될 때가 오고, 그리되면 쉽게 부처님 가르침 따라 관할 수 없을 것이며, 숲이나 밀림 속 또는 외진 곳에서 지내기도 어려우리라. 그토록 달갑지 않은 지경에 이르기 전에 이루지 못한 것을 이루고, 도달하지 못한 경지에 다다르며, 깨닫지 못한 것을 깨닫도록, 그래서 승가가 분열되더라도 그렇게 이룩한 경지를 누리며 행복할 수 있도록 지금 있는 힘을 다 쏟아야 하지 않겠는가'[19]라고."

《증지부》 다섯의 모음, 78경

. . .

---

19 [원주] 이 법문은 제2 바이랏 석칙문石勅文에서 아쇼카 왕이 권장한 일곱 경전 가운데 하나이다. "존자들이시여, 부처님께서 설하신 이 법문들…. 즉, 앞으로 일어날 수 있는 일들에 대한 두려움*anāgata-bhayāni*…. 존자들이시여, 나(아쇼카) 바라건대, 많은 비구·비구니가 이들 가르침을 수시로 경청하고 명상하며, 남녀 재가자들도 마찬가지로 그렇게 하기를!" 빈센트 스미스Vincent A. Smith 저 《아쇼카》 3판, 54쪽.

해태와 혼침을 극복하는 데 도움 되는 그 밖의 사항들

(1) 오선지 가운데 생각[20]

(2) 오근 가운데 정진근精進根

(3) 칠각지 가운데 택법각지, 정진각지, 환희각지.

"마음이 까라질 때는 칠각지 가운데 경안, 삼매, 평온 각지를 닦기에 적당치 않은 때이니 까라진 마음이 그런 요소들에 의해 일깨워지지는 않기 때문이다.

마음이 까라질 때는 곧 택법과 정진, 환희 각지를 닦을 때이니 까라진 마음은 그것들에 의해 쉽게 일깨워지기 때문이다."

《상응부》 46상응, 53경

---

20 [역주] 생각*vitakka-jhānaṅga*: 한역은 尋. 생각을 붙드는 것. 생각에 주의를 기울이는 것. *vicāra*와 결합해서 쓸 때엔 *vitakka*는 사유 과정의 시발단계 또는 탐구적이며, 거친 사유단계를 의미한다. 주 23의 *vicāra*에 대한 [역주] 참조.

다. 비유

"여기 통 속에 물이 있어 이끼와 수초로 덮여 있다면 정상적인 시력을 가진 사람이라도 거기 비친 자기 얼굴을 제대로 알아볼 수 없으리라. 마찬가지로, 어떤 사람의 마음이 해태와 혼침에 사로잡히고 해태와 혼침에 짓눌려 있을 때, 그는 이미 일어난 해태와 혼침으로부터 벗어날 길을 제대로 볼 수 없으니, 이리하여 그는 자신의 행복도, 남의 행복도 그리고 자신과 남의 행복도 올바로 이해하고 보지 못하느니라. 또한 이미 오래전에 마음에 새겨둔 가르침도 제대로 상기되지 않거늘 하물며 새기지 않은 것들이랴."

《상응부》46상응, 55경

IV. 들뜸과 회한悔恨 [21]

가. 들뜸과 회한의 자양분

"마음의 불안이 있다. 거기에 때때로 지혜롭지 못한 주

---

21 [역주] 들뜸*uddhacca*과 회한*kukkucca*: *uddhacca*는 *vūpasama*(안정, 평온)
의 반대말이며 *vikkhepa*(혼란, 동요, 당황)의 동의어로 쓰여 쉽게 이해할
수 있으나 *kukkucca*는 상당히 복잡한 용어 가운데 하나이다. 주석서
에 따르면 *kukkucca*의 어원은 *ku+kata*로 '하지 않는 편이 좋다'는 뜻
이다. 한역 惡作은 이 뜻을 살린 역어일 것이다. 다시 《법집론》은 '허용
된 것을 허용되지 않은 것으로, 무죄한 것을 유죄한 것으로 또 그 반대
경우로 잘못 아는 것, 이 모든 걱정, 안절부절 못함, 지나친 세심함, 양
심의 가책, 상심'으로 풀이하고 있다. 또 나라다 스님은 《아비담마 편
람*A manual of Abhidhamma*》의 역주에서 이 용어는 지나간 일에 대해서만
적용되는 것이며, '후회'로 옮길 수 있는 이 용어가 율장에서 쓰일 때는
규율에 관한 건전한 의문이 되지만 논장에서는 권장될 수 없는 (선정
을 방해하는) 후회를 뜻한다고 설명한다.
한역도 도거掉舉, 악작惡作과 도회掉悔의 두 역어가 쓰이고 있다. 영
역은 전자는 restlessness, agitation, distraction 등이, 후자는 worry,
scruple, remorse 등 (저자는 restlessness and scruples로 옮기고 있는
데) 전통적 해석에 따라 지난 일을 떠올려 자책, 상심함으로써 마음의
집중을 방해한다는 뜻으로 '회한'으로 옮겼다.

의를 기울이는 것, 그것이 곧 아직 일어나지 않은 들뜸과 회한을 불러일으키고, 이미 일어난 들뜸과 회한을 키우고 드세게 만드는 자양분이다."

《상응부》 46상응, 51경

나. 들뜸과 회한을 키우지 않음

"마음의 평안이 있다. 거기에 때때로 지혜로운 주의를 기울이는 것, 그것이 곧 아직 일어나지 않은 들뜸과 회한을 일으키지 않고, 이미 일어난 들뜸과 회한을 키우거나 드세게 하지 않는 것이다."

《상응부》 46상응, 51경

들뜸과 회한을 없애는 데 도움 되는 여섯 가지

(1) 경전(교의와 계율)에 관한 지식

(2) 교의와 계율을 탐구함

(3) 율장(승단의 규율. 재가자의 경우는 도덕적 행동 원칙)을 숙지함

(4) 위엄, 자제력, 차분함을 갖춘, 연륜과 경험이 풍부한 분들을
　　가까이 함

(5) 훌륭한 도반

(6) 적절한 대화

들뜸과 회한을 극복하는 데 도움 되는 그 밖의 사항들

(1) 오선지 가운데 행복감[樂]

(2) 오근 가운데 삼매[定根]

(3) 칠각지 가운데 경안輕安각지, 정定각지, 평온각지

"마음이 들뜰 때는 택법·정진·환희각지를 닦기에 적당
치 않으니, 그것들로는 산만해진 마음을 가라앉힐 수 없
기 때문이니라.

　마음이 들뜰 때는 경안·정定·평온각지를 닦아야 되리
니, 그것들로 쉽게 산란해진 마음을 가라앉힐 수 있기 때
문이니라."

《상응부》 46상응, 53경

다. 비유

"여기 통 속에 물이 있는데 바람이 휘저어 흔들리고 출렁거려 파문이 인다면 정상적인 시력을 가진 사람이라도 거기 비친 자기 얼굴을 제대로 알아볼 수 없으리라. 마찬가지로 어떤 사람의 마음이 들뜸과 회환에 사로잡히고 들뜸과 회환에 짓눌려 있을 때 그는 이미 일어난 들뜸과 회한에서 벗어날 길을 제대로 볼 수 없나니, 이리하여 그는 자신의 행복도, 남의 행복도 그리고 자신과 남의 행복도 올바로 이해하고 보지 못하느니라. 또한 이미 오래전에 마음에 새겨둔 가르침도 제대로 상기되지 않거늘 하물며 새기지 않은 것들이랴."

《상응부》46상응, 55경

V. 회의적 의심 [22]

가. 의심의 자양분

"의심을 일으키는 것들이 있으니, 거기에 지혜롭지 못한 주의를 때때로 기울이는 것, 그것이 곧 아직 생겨나지 않은 의심을 생기도록 조장하며, 이미 생겨난 의심을 키우고 드세게 만드는 자양분이니라."

《상응부》46상응, 51경

---

[22] [역주] 회의적 의심 *vicikicchā*: 어의상으로는 앞의 *uddhacca-kukkucca* 와 중첩되는 것으로 의심, 의혹, 당혹, 동요, 이해의 불확실성을 뜻한다. 붓다고사 Buddhaghosa는 이 *vicikicchā*를 '어떤 결정에 이를 수 없음으로 인해 일어난 곤혹감'이라고 설명하고 있으며, 영어 번역에서도 종종 perplexity로 옮겨지고, 산스크리트어 *vicikitsa*의 한역도 의혹, 호의 狐疑 등임을 미루어 볼 때 특히 얄팍한 지식을 앞세운 불신이라는 어감이 짙어 보인다. 여기서는 저자의 sceptical doubt를 따랐다.

나. 의심을 키우지 않음

"이로운 것과 해로운 것, 나무랄 데 없는 것과 나무라 마땅한 것, 고상한 것과 천박한 것, 기타 흑백으로 상반되는 갖가지 것들이 있으니, 거기에 때때로 지혜로운 주의를 기울이는 것, 이것이 곧 아직 생겨나지 않은 의심을 생기도록 조장하지 않고, 이미 생겨난 의심을 키우거나 드세게 하지 않는 것이다."

《상응부》46상응, 51경

의심을 없애는 데 도움 되는 여섯 가지

(1) 경전(교의와 계율)에 관한 지식

(2) 교의와 계율을 탐구함

(3) 율장(승단의 규율. 재가자의 경우 도덕적 행동 원칙)을 숙지함

(4) 불·법·승, 삼보에 대한 확고한 신념

(5) 훌륭한 도반

(6) 적절한 대화

의심을 없애는 데 도움 되는 그 밖의 사항들

(1) 오선지 가운데 고찰*vicāra*[23]

(2) 오근 가운데 지혜[慧根]

(3) 칠각지 가운데 택법擇法각지

다. 비유

"여기 한 통의 흙탕물을 휘저어 어두운 곳에 두었다면, 정상적인 시력을 가진 사람이라도 거기 비친 자기 얼굴을

---

23 [역주] 고찰*vicāra*: 한역은 伺, 주로 *vitakka* 뒤에 연결되어 쓰인다. *vitakka*가 어떤 생각을 붙들어 어떤 대상으로 향하게 하는 데 비해 *vicāra*는 그 대상에 대해 지속적으로 작용하는 것, 또는 *vitakka*가 거칠고 엉성한 사고라면 *vicāra*는 섬세하고 면밀한 고찰과정이다. 주석서에서 비유하기를 종을 치는 것과 계속 울리는 종소리에 또는 도공이 흙덩이를 물레에 얹는 것과 솜씨를 부려 그릇을 빚는 것에, 그릇을 집어드는 것과 그릇을 닦는 것에 비유한다. 둘의 영역은 initial and sustaining thought, applying and sustaining thought, analytic and investigating thought processes 등. 저자 역시 본문에서는 thinking과 reflecting을, 뒤에서는 thought-conception과 discursive thinking을 각기 쓰고 있다.

제대로 알아볼 수 없으리라. 마찬가지로 어떤 사람의 마음이 의심에 사로잡히고 의심에 짓눌려 있을 때, 그는 이미 일어난 의심으로부터 벗어날 길을 제대로 볼 수 없으니, 이리하여 그는 자신의 행복도, 남의 행복도 그리고 자신과 남의 행복도 올바로 이해하고 보지 못하느니라. 또한 이미 오래전에 마음에 새겨둔 가르침도 제대로 상기되지 않거늘 하물며 새기지 않은 것들이랴."

《상응부》 46상응, 55경

〈사문과경沙門果經〉과
《장부》의 주석서 《Sumaṅgala-vilāsinī》에서

I. 《장부》 2경 〈사문과경Sāmaññaphala Sutta〉에서

"고귀한 정념正念·정지正知를 갖추고 그리고 고귀한 지
족知足을 두루 갖춘 비구는 한적한 숲속이나 나무 밑, 산
속, 바위 틈, 석굴, 묘지, 밀림, 노지 또는 짚가리로 가서 머
문다. 탁발에서 돌아와 식사를 마친 뒤, 가부좌를 틀고 윗
몸을 곧추세워 방심하지 않고 정념을 유지한 채 앉는다.

세속에 대한 탐욕심(감각적 욕망)을 떨치고, 욕심 없는
마음으로 머무르며, 욕심으로부터 마음을 정화한다.

악의의 흠을 떨치고, 악의 없이 머무르며, 모든 생명에
대한 우애와 연민으로 그는 악의의 흠으로부터 마음을
정화한다.

해태와 혼침을 떨치고, 그는 해태와 혼침에서 벗어나 광명상光明想 *aloka-saññā* 가운데 머무르며, 마음을 챙기고 [正念] 분명하게 파악[正知]하여, 해태와 혼침으로부터 마음을 정화한다.

들뜸과 회한을 떨치고, 그는 들뜨지 않은 채 머무른다. 마음이 안으로 가라앉음에, 그는 들뜸과 회한으로부터 마음을 정화한다.

그는 회의적 의심을 버리고, 의심을 넘어선 사람으로 머무른다. 유익한 것들에 대한 반신반의에서 벗어난 그는 회의적 의심으로부터 마음을 정화한다.

마치 어떤 사람이 빚을 내어 장사를 해서 성공한 경우와 마찬가지다. 이제 그는 옛 빚을 갚을 수 있을 뿐 아니라 그 이상이어서 부인을 한 명 부양할 수 있는 여분이 생긴 것이다. …… 그것이 기뻐 그는 마냥 즐겁다.

또, 마치 중병에 걸려 아픔과 고통에 시달리는 사람의 경우와 같다. 음식이 넘어가지 않으니 몸에 힘이라곤 하나도 없다. 그런데 얼마 뒤 병에서 회복되었다. 음식을 소화시킬 수 있고 힘도 다시 생겨났다. …… 그것이 기뻐 그는 마냥 즐겁다.

마치 어떤 사람이 옥에 갇혔다가 얼마 뒤 옥에서 풀려나는 것과도 같다. 이제 안전하고 두려울 것도 없고 또 재산도 축나지 않았다. …… 그것이 기뻐 그는 마냥 즐겁다.

마치 어떤 사람이 종이 되어 자기 생각대로 행동하지 못하고 남에게 매여, 가고 싶은 곳에도 갈 수 없이 지내다가, 얼마 뒤 종살이에서 풀려난 것과도 같다. 이제는 독립하여 더 이상 남에게 매이지 않고, 제 가고 싶은 대로 갈 수 있는 자유인이 된 것이다. …… 그것이 기뻐 그는 마냥 즐겁다.

마치 어떤 부유하고 성공한 사람이 먹을 것도 없고 위험으로 가득 찬 사막 길을 걷다가 얼마 뒤 그 사막을 다 건너서 위험이 없는 안전한 처소인 마을 주변에 무사히 다다른 것과 같다. …… 그것이 기뻐 그는 마냥 즐겁다.

마찬가지로 비구는 자기 마음속에서 이들 다섯 가지 장애를 떨쳐버리지 못하는 한 스스로를 빚진 사람, 환자, 옥에 갇힌 사람, 종, 사막 길을 걷는 여행자로 여긴다.

그러나 이들 다섯 가지 장애가 제거되었을 때, 비구는 스스로를 빚에서 벗어난 사람, 병에서 쾌유된 사람, 감옥의 굴레에서 풀려난 사람, 자유인, 안전한 곳에 다다른 사람으로 여긴다.

이들 다섯 가지 장애를 떨쳐버린 자신을 바라볼 때 기쁨이 일고, 기뻐하는 그에게 환희심이 생겨나며, 환희심에 찬 사람의 몸은 고요해지니, 몸이 고요해짐에 그는 행복을 느끼며, 행복한 마음은 집중된다.

이윽고 그는 감각적 욕망을 멀리하고 불선한 관념 *akusala dhamma*을 멀리한다. 그리고 그것들을 멀리함에서 생겨나는[24] 환희와 행복감으로 충만한, 생각 일으킴 *vitakka*과 추론적 사유*vicāra*가 아직 수반되고 있는 초선初 禪에 들어 머무른다. 그는 제2선…, 제3선…, 제4선에 들 어 머무른다."

II. 《장부》의 주석서 《*Sumaṅgala-vilāsinī*》에서

가. 다섯 가지 장애에 대한 비유

경전에서는 다음과 같이 설한다.

마찬가지로 자기 마음속에서 이들 다섯 가지 장애를 떨쳐버리지 못하는 한, 비구는 스스로를 빚진 사람, 환자, 옥에 갇힌 사람, 종, 사막 길을 걷는 여행자로 여긴다.

---

24 [역주] 저자는 '멀리 초연함에서 생겨나는'을 초선에 바로 연결시켜 수
식하고 있는데, 이 문장을 환희와 행복을 수식하는 것으로 이해하는 학
자들도 많다. 빠알리 원문은 *vivekajaṁ pīti-sukhaṁ paṭhamajjhānaṁ
upasampajja viharati*. 한역은 遠離生喜樂.

여기서 세존께서는 떨쳐버리지 못한 감각적 욕망의 장애를 마치 빚을 진 것으로, 다른 장애들을 병을 앓는 것, 옥에 갇힌 것 등으로 설명하셨는데, 이러한 비유는 다음과 같이 이해해야 한다.

1. 감각적 욕망

어떤 사람이 빚을 얻어다가 탕진해 버렸다고 하자. 이제 그는 채권자들이 빚을 갚으라고 거친 말로 다그치며 괴롭히고 때린다 해도 대들지도 못하고 모두 감수해야 할 것이다. 이렇게 참을 수밖에 없도록 만드는 것은 곧 그 빚 때문인 것이다.

마찬가지로, 어떤 사람이 누군가를 향한 감각적 욕망으로 가득 차 있다면 그 사람은 욕망의 대상에 대해 애착이 가득한 나머지 그 대상에 집착하게 된다. 이렇게 되면 그 상대로부터 호된 소리를 듣고, 괴로움을 당하고, 매를 맞는다 해도 이를 모두 견디는 수밖에 없다. 이렇게 인종 忍從을 강요당하게 된 것은 감각적 욕망 탓이다. 이처럼 감각적 욕망은 마치 빚을 지고 있는 것과 같은 것이다.

2. 악의

만약 어떤 사람이 쓸개에 이상이 생겨 앓고 있다면, 설령 꿀이나 설탕을 입에 넣어도 이 담즙병 때문에 토해내며 쓰다고 불평할 뿐 맛을 가릴 수 없을 것이다.

마찬가지로, 성 잘 내는 기질의 사람은, 은사恩師나 계사戒師 스님이 좋은 뜻으로 가볍게 타이르기만 해도 '귀찮게 군다'고 불평하며 그분들의 충고를 받아들이지 않고 승단에서 나가거나, 이리저리 떠돌아다닐 것이다. 마치 담즙병을 앓는 사람이 꿀이나 설탕 맛을 취할 수 없는 것처럼 성내는 병에 걸린 사람은 부처님께서 베푸시는 선정 등의 행복을 맛볼 수가 없는 것이다. 이렇게 악의는 병을 앓는 것과 같다.

3. 해태와 혼침

어떤 사람은 축제날 감옥에 갇혀 있었기 때문에 축제 행사의 시작도 중간도 끝도 볼 수 없었다. 만약 그 사람이 다음 날 옥에서 풀려나 사람들이 "어제 축제는 참 즐거웠지. 아, 그 노래며 춤이라니!" 하며 이야기해도 대꾸할 말이 없을 것이다. 왜 그럴까? 그 자신이 축제를 즐기지 못했기 때문이다.

마찬가지로, 설령 아무리 감동적인 설법이 진행되고 있다 하더라도, 어떤 비구에게 해태와 혼침이 엄습해 왔다면 그는 법문의 시작도 중간도 끝도 모르게 될 것이다. 법문이 끝난 뒤 "그런 법을 들었으니 얼마나 기쁜 일인가. 법문 주제도 흥미로운 것이었지만 비유들은 또 얼마나 좋았나"라고 찬탄하는 말을 들어도 그는 아무 말도 할 수가 없다. 왜 그럴까? 해태와 혼침에 빠져 그 법문을 듣지 못했기 때문이다. 이렇게 해태와 혼침은 감옥에 갇히는 것과 견줄 수 있다.

4. 들뜸과 회한

축제에 끼고 싶었던 종에게 주인이 말했다. "이러이러한 곳으로 빨리 가거라. 거기에 급한 일이 있다. 만약 가지 않으면 손, 발이나 귀, 코를 자르리라." 이 말을 듣고 그는 주인이 시킨 대로 서둘러 가야 되고, 그래서 축제를 조금도 즐길 수 없게 될 것이니. 이는 그가 다른 사람에게 매여 있기 때문이다.

이것은 율장을 숙지하지 못하면서 외진 곳에서 지내고자 깊은 숲속에 들어간 비구와도 같다. 예를 들어, 허용되는 돼지고기를 먹고는 허용되지 않는 곰의 고기를 먹은 것이 아닌가 하는 생각에 사로잡힌다면 그는 자신의 행위를 정화하기 위해 외진 곳의 생활을 중단하고 율장에 밝은 비구를 찾아가야 할 것이다. 따라서 그는 외진 곳의 행복도 즐길 수 없게 될 것이니, 이는 그가 들뜸과 회한에 빠져 있기 때문이다. 이렇게 들뜸과 회한은 마치 종살이와 같은 것이다.

5. 회의적 의심

어떤 사람이 사막을 가고 있다. 여행자들이 강도들에게 약탈을 당하고 살해당하기도 하는 것을 아는 그는 나뭇가지나 새 소리에도 '강도가 왔구나' 생각하고 불안과 두려움에 떤다. 몇 발짝을 걷고는 다시 두려움에 걸음을 멈추는 식으로 여행을 계속하거나 혹은 도중에 되돌아갈지도 모른다. 걷는 일보다 멈추는 일이 더 많은 어려움을 겪은 끝에 겨우 안전한 곳에 도달하거나, 아니면 아예 도달하지 못할 수도 있다.

그것은 마치 여덟 가지 의문[25] 중 어떤 것에 대한 의심

---

25 [원주] 여덟 가지 의문사항은 《분별론*Vibhaṅga*》에 의하면 다음과 같다. 불, 법, 승佛法僧에 대한 의심, 삼학三學[계·정·혜戒定慧]에 대한 의심, 과거에 대한 의심, 미래에 대한 의심, 과거와 미래에 대한 의심, 연기 조건에 대한 의심.

[역주] 《법집론의 주석서*Atthasālinī*》(354~355)는 다음 여섯 가지 의심을 설명한다. 그러나 여기 다섯 번째를 과거, 미래, 과거와 미래로 다시 나누면 여덟 가지가 된다. ① 실로 부처님이 32상과 80종호를 구족하고 과거, 현재, 미래에 전지全知한가? ② 실로 도道와 과果의 가르침이 열반에 이르게 할 수 있는가? ③ 승가의 개개인이 바르게 해탈도의 각 단계에 이르렀는가? ④ 계·정·혜, 삼학이 실로 도움이 되는가? ⑤ 과거, 미래, 과거와 미래 속에 오온, 사대, 십이처를 통한 전변은 계속하여 일어나는가? ⑥ 십이연기법은 지금 여기서만 유효한가 아니면 언제 어디서나 유효한가? 그러나 여기 한 가지 유의해야 할 것은 까알라아마인들에 대한 부처님의 충고를 상기하는 일이다. "까알라아마인들이여, 의심스러운 일에 의혹이 일어나고 당황하는 것은 당연한 것이다." 누구에게나 당연한 것으로 받아들여졌던 절대라는 것을 의심했던 부처님처럼 우리도 부처님의 교리체계에 의심을 품을 수 있는 것이다. 다만 여기서 말하는 의심을 버린다는 것은 맹신의 강요가 아닌 확실한 이해를 통한 의심의 극복을 권유하는 것임에 틀림없을 것이다.

이 생긴 사람의 경우와도 같다. 부처님이 깨달은 분인지 아닌지 의심하기에 그는 그 사실을 확신할 수 있는 일로 믿고 받아들이지를 못한다. 확신할 수 없으므로, 그는 성스러운 도道와 과果를 이룰 수 없는 것이다. "거기 강도들이 있을까, 없을까?" 반신반의하는 여행자처럼, 의혹에 찬 수행자는 마음이 흔들리고 주저하게 되고, 결단력도 부족해지며 근심만 생길 뿐이다. 이리하여 그는 안전한 성지 聖地 *ariyabhūmi*에 도달할 수 없도록 자기 내면에다 장애물을 스스로 설치하고 있는 것이다. 이래서 회의적 의심은 마치 사막을 여행하는 것과 같다.

나. 장애를 떨쳐버림

경전에서는 다음과 같이 설한다.

그러나 이들 다섯 가지 장애가 제거되었을 때, 비구는 스스로 빚에서 벗어난 사람, 병에서 쾌유된 사람, 감옥의 굴레에서 풀려난 사람, 자유인, 안전한 곳에 다다른 사람으로 여긴다.

1. 감각적 욕망을 버림

어떤 사람이 빚을 내어, 장사를 해서 번창하게 되었다. 그는 '이 빚이 고민의 원인'이라고 생각하여 이자와 함께 빚을 갚고, 빚 문서도 찢어버린다. 그 뒤로는 채권자들에게 심부름꾼을 보내거나 편지를 보내는 일도 없다. 그들을 만난다 해도 인사를 차리려고 자리에서 일어나고 안 일어나고는 제 마음이다. 왜 그럴까? 그는 더 이상 그들에게 매이거나 의지하지 않기 때문이다.

마찬가지로, 어떤 비구가 '감각적 욕망은 장애의 원인'이라고 생각하여 감각적 욕망을 포기하게끔 만드는 여섯 가지 사항(본문 24쪽 참조)을 닦아, 감각적 욕망이라는 장애를 제거한다. 마치 빚을 청산한 사람이 예전의 채권자를 만나도 더 이상 두렵거나 걱정하지 않는 것처럼 감각적 욕망을 버린 사람 또한 욕망의 대상에 더 이상 집착하거나 구속당하지도 않는다. 설령 천상의 미녀를 보더라도 애욕에 시달리지 않을 것이다.

이런 까닭에 세존께서는 감각적 욕망을 버리는 것을 빚을 청산한 것에 비유하신 것이다.

2. 악의를 버림

마치 담즙병에 시달리다 약을 써서 낫게 된 사람이 꿀과 설탕 맛을 되찾듯, 비구는 '악의는 많은 해악의 씨앗'이라고 생각하여, 그것을 떨쳐버리게 하는 여섯 가지 사항(본문 37쪽 참조)을 닦아 악의라는 장애를 제거한다. 병이 나은 사람이 제대로 꿀과 설탕 맛을 볼 수 있는 것과 같이 이 비구 또한 경외심으로 계율을 받아, 계율의 진가를 인식하여 이를 준수한다.

이런 까닭에 세존께서는 악의를 버리는 것을 건강을 회복함에 비유하신 것이다.

3. 해태와 혼침을 버림

지나간 축제동안 옥에 갇혔던 사람이 있다. 옥에서 풀려난 다음 축제에 참가한 그는 "예전에는 부주의했던 탓으로 옥에 갇혀 그 축제를 즐기지 못했지. 이제 내가 정신을 바짝 차려야지." 다짐하여 어떤 해로운 생각도 마음속에 들어올 수 없도록 자신의 행위에 신중을 기한다. 그는 이렇게 축제를 즐기고 나서 외친다. "아, 얼마나 멋진 축제였던가!"라고.

마찬가지로, 한 비구가 해태와 혼침이 큰 해를 끼치는 것임을 알고 그것에 대적할 여섯 가지 사항(본문 42쪽 참조)을 닦아 해태와 혼침이라는 장애를 제거한다. 마치 옥에서 풀려난 사람이 이레나 되는 축제의 전 기간을 즐기는 것처럼. 이렇게 해태와 혼침을 떨쳐버린 비구는 진리의 축제Dhamma-nakkhatta의 시작과 중간 그리고 극치를 즐길 수 있으며 마침내는 사무애해四無碍解[26]와 함께 아라한과

---

26 [역주] 사무애해Paṭisambhidā: 논리적 분석지를 이르는 것으로 대개 다음 네 가지가 한데 묶여 쓰인다.

법法무애해Dhammapaṭisambhidā: 사물의 연기에 관한 분석지
의義무애해Atthapaṭisambhidā: 외연外延에 관한 분석지
사詞무애해Niruttipaṭisambhidā: 개념[內包]에 관한 분석지
변辯무애해Paṭibhānapaṭisambhidā: 앞의 세 단계의 논리적 분석을 통해 사물을 인식하는 지력 혹은 표현하는 변재

를 성취한다.

이런 연유로 세존께서는 해태와 혼침을 떨쳐버리는 것을 옥에서 풀려나는 것에 비유할 수 있다고 말씀하신 것이다.

4. 들뜸과 회한을 버림

어떤 종이 친구의 도움으로 주인에게 돈을 치르고 자유인이 되어 이제 자기가 하고 싶은 대로 할 수 있게 된다. 마찬가지로, 들뜸과 회한으로 인해 일어나는 엄청난 장애를 인식한 비구는 거기에 대처할 여섯 가지 사항(본문 55쪽 참조)을 닦아 들뜸과 회한을 떨쳐버린다. 그것들을 버리고 난 비구는 이제 진정한 의미의 자유인으로 자기가 원하는 대로 할 수 있게 된다. 그 누구도 자유인이 자기가 하고 싶은 대로 하는 것을 억지로 막을 수 없는 것처럼 이제 들뜸과 회한도 이 비구가 행복한 출리出離 nekkhamma의 길을 걷는 것을 더 이상 막아서지 못한다.

이런 까닭에 세존께서는 들뜸과 회한을 버림이 종살이에서 자유를 얻는 것과 같다고 말씀하신 것이다.

5. 회의적 의심을 버림

여기 한 건장한 사람이 있어 짐 보따리를 챙겨들고 잘 무장한 채 무리를 지어 사막을 가고 있다. 멀리서 강도들이 그를 본다면 제풀에 달아날 것이다. 무사히 사막을 건너고 안전한 곳에 이르러 그는 무사히 도착한 것을 기뻐한다.

마찬가지로, 비구는 회의적 의심이 큰 해악의 원인임을 알아 거기에 대한 해독제로 여섯 가지 사항(본문 59쪽 참조)을 닦아 의심을 떨쳐버린다. 마치 건장한 사내가 무장을 하고 동료들과 함께 강도들을 잡초 대하듯 대수롭지 않게 생각하고 사막을 빠져나와 안전한 곳에 도달하듯이 '불선의 사막'을 건넌 비구 또한 마침내 가장 안전한 경지, 불사의 영역, 열반에 이르게 된다.

이런 연유로 세존께서는 회의적 의심을 떨쳐버리는 것을 안전한 곳에 도달함에 비유하신 것이다.

━━━ **저자 소개**

냐나뽀니까 스님 Nyanaponika Thera

1901~1994. 독일 출신으로 1936년 수계를 받음. 유럽인 최초의 비구이자 대 학승인 고故 냐나띨로까 스님(1878~1953 독일 출신)의 제자이며, 스리랑카에 주석하면서 불자출판협회BPS를 창설하여 30여 년간 이끌었음. 저서로는 《아비담마 연구》, 《선과 악의 뿌리》, 《염처-불교 명상의 핵심》, 《삼법인》, 《업과 과보》, 《내면의 자유로 가는 길》 등 다수.

〈고요한소리〉에서 간행한 저서로는 보리수잎·다섯 《거룩한 마음가짐-사무량심》, 법륜·열둘 《염수경》, 법륜·열넷 《사아리뿟따 이야기》가 있다.

○ 〈고요한소리〉 회원으로 가입하시려면 이름, 전화번호, 우편물 받을 주소, e-mail 주소를 〈고요한소리〉 서울 사무실에 알려주십시오.
(전화: 02-739-6328, 02-725-3408)

○ 회원에게는 〈고요한소리〉에서 출간하는 도서를 보내드리고, 법회나 모임·행사 등 활동 소식을 전해드립니다.

○ 회비, 후원금, 책값 등을 보내실 계좌는 아래와 같습니다.

국민은행	006-01-0689-346
우리은행	004-007718-01-001
농협	032-01-175056
우체국	010579-01-002831
예금주	**(사)고요한소리**

━━━ 마음을 맑게 하는 〈고요한소리〉 도서

금구의 말씀 시리즈

하나	염신경念身經
둘	초전법륜경初轉法輪經
	초전법륜경初轉法輪經 (확대본)
	초전법륜경初轉法輪經 (독송본)

소리 시리즈

하나	지식과 지혜
둘	소리 빗질, 마음 빗질
셋	불교의 시작과 끝, 사성제 - 四聖諦의 짜임새
넷	지금·여기 챙기기
다섯	연기법으로 짓는 복 농사
여섯	참선과 중도
일곱	참선과 팔정도
여덟	중도, 이 시대의 길
아홉	오계와 팔정도
열	과학과 불법의 융합
열하나	부처님 생애 이야기
열둘	진·선·미와 탐·진·치
열셋	우리 시대의 삼보三寶
열넷	시간관과 현대의 고苦 - 시간관이 다르면 고苦의 질도 다르다
열다섯	담마와 아비담마 - 종교 얘기를 곁들여서
열여섯	인도 여행으로 본 계·정·혜

법륜 시리즈

보리수잎 시리즈

붓다의 고귀한 길 따라 시리즈

단행본

This translation was possible
by the courtesy of the Buddhist Publication Society
54, Sangharaja Mawatha P.O. BOX61
Kandy, SriLanka

법륜·아홉

다섯 가지 장애와 그 극복 방법

초판 1쇄 발행 1988년 3월 25일
2판 2쇄 발행 2025년 1월 15일

편 역   냐나뽀니까 스님
옮긴이   재연 스님
펴낸이   하주락·변영섭
펴낸곳   (사)고요한소리

등록번호 제1-879호 1989. 2. 18.
주소   서울시 종로구 인사동길 47-5 (우 03145)
연락처   전화 02-739-6328 팩스 02-723-9804
          부산지부 051-513-6650   대구지부 053-755-6035
          대전지부 042-488-1689   광주지부 02-725-3408
홈페이지 www.calmvoice.org
이메일   calmvs@hanmail.net
ISBN   978-89-85186-33-9

          값 1,000원